中国文化知识读本

Zhongguo Wenhua
Zhishi Duben

拉卜楞寺

主编　金开诚

编著　运海园

吉林出版集团有限责任公司
吉林文史出版社

图书在版编目（CIP）数据

拉卜楞寺 / 运海园编著 . 一长春：吉林出版集团
有限责任公司：吉林文史出版社，2010.6（2022.1 重印）
（中国文化知识读本）
ISBN 978-7-5463-3344-1

Ⅰ . ①拉… Ⅱ . ①运… Ⅲ . ①拉卜楞寺 – 概况 Ⅳ .
① B947.242.4

中国版本图书馆 CIP 数据核字（2010）第 121897 号

# 拉卜楞寺

LABULENGSI

主编/ 金开诚   编著/ 运海园

责任编辑/ 曹恒   崔博华   责任校对/ 王新

装帧设计/ 曹恒   摄影/ 金诚   图片整理/ 董昕瑜

出版发行/ 吉林文史出版社   吉林出版集团有限责任公司

地址/ 长春市人民大街4646号   邮编/130021

电话/0431-85618717   传真/0431-85618721

印刷/ 三河市金兆印刷装订有限公司

版次/2010 年 6 月第 1 版   2022 年 1 月第 3 次印刷

开本/650mm×960mm   1/16

印张/8   字数/30千

书号/ ISBN 978-7-5463-3344-1

定价/34.80元

# 关于《中国文化知识读本》

　　文化是一种社会现象，是人类物质文明和精神文明有机融合的产物；同时又是一种历史现象，是社会的历史沉积。当今世界，随着经济全球化进程的加快，人们也越来越重视本民族的文化。我们只有加强对本民族文化的继承和创新，才能更好地弘扬民族精神，增强民族凝聚力。历史经验告诉我们，任何一个民族要想屹立于世界民族之林，必须具有自尊、自信、自强的民族意识。文化是维系一个民族生存和发展的强大动力。一个民族的存在依赖文化，文化的解体就是一个民族的消亡。

　　随着我国综合国力的日益强大，广大民众对重塑民族自尊心和自豪感的愿望日益迫切。作为民族大家庭中的一员，将源远流长、博大精深的中国文化继承并传播给广大群众，特别是青年一代，是我们出版人义不容辞的责任。

　　《中国文化知识读本》是由吉林出版集团有限责任公司和吉林文史出版社组织国内知名专家学者编写的一套旨在传播中华五千年优秀传统文化，提高全民文化修养的大型知识读本。该书在深入挖掘和整理中华优秀传统文化成果的同时，结合社会发展，注入了时代精神。书中优美生动的文字、简明通俗的语言、图文并茂的形式，把中国文化中的物态文化、制度文化、行为文化、精神文化等知识要点全面展示给读者。点点滴滴的文化知识仿佛繁星，组成了灿烂辉煌的中国文化的天穹。

　　希望本书能为弘扬中华五千年优秀传统文化、增强各民族团结、构建社会主义和谐社会尽一份绵薄之力，也坚信我们的中华民族一定能够早日实现伟大复兴！

# 目录

# 一 拉卜楞寺概说

拉卜楞寺一景

为了更好地介绍拉卜楞寺，我们得先从藏区的文化背景谈起。

## 一、藏族区文化背景

藏族区就是说藏话和有藏族文化的民族聚居区，范围在东经73度至104度，北纬27度至38度之间。整个中国的藏族区，包括三个文化区：

1.西藏，又分三部分：

（1）阿里，在最西部；

（2）后藏，在中部，首府为日则，即班禅所在地；

（3）前藏，在东部，首府为拉萨，为西藏地方政府所在地，也是达赖居住的地方。

2.西康，在西藏东；

3.安多，在西康东北，包括：

（1）青海的藏族区；

（2）甘肃西南部藏族区；

（3）四川西北部藏族区。

　　只有西藏藏族聚居区是政治实体，直属中央，是出现在地图上的。而西康或直属四川，或在四川以外。安多则分属于青海、甘肃、四川三省，划分为不同的州或县。将西藏、西康、安多称作藏族区，因为它们是有藏族文化、说藏语的民族聚居区。新教的创始人宗喀巴与后来的十四世达赖，十世班禅都是安多人，也就是青海人。

鎏金铜宗喀巴像

拉卜楞寺概说

居住在这三个区的居民，一般称为藏族，佛教传以前，苯教是藏族的原始信仰，但现在已经看不到了。当时，藏族佛教徒把他们自己的信仰叫做"宗教"，把苯教叫做"黑教"。7世纪中叶，当时的藏王松赞干布迎娶尼泊尔尺尊公主和唐朝文成公主时，两位公主分别带去了释迦牟尼8岁等身像和释迦牟尼12岁等身像，以及大量佛经。松赞干布在两位公主影响下皈依佛教，建大昭寺和小昭寺。到8世纪中叶，

藏传佛教寺庙拉卜楞寺

拉卜楞寺

藏区风光

佛教又直接从印度传入西藏地区。当时，三个重要的早期派别分别是：宁玛派（红教）、萨迦派（花教）、噶举派（白教）。10世纪后半期藏传佛教正式形成。到15世纪初格鲁派形成，藏传佛教的派别分支才最终定型，主要有宁玛派、噶当派、萨迦派、噶举派等前期四大派和后期的格鲁派等。格鲁派兴起后，噶当派则并入格鲁派而不单独存在。随着佛教在西藏的发展，上层喇嘛逐步掌握了地方政权，最后形成了独特的政教合一的

格鲁派圣地达旺寺

藏传佛教。

　　格鲁派，藏语格鲁意即善律，即该派强调严守戒律，故名格鲁派。该派僧人戴黄色僧帽，故又称黄教。创教人宗喀巴，原为噶当派僧人，故该派又被称为新噶当派。至清代，该派的达赖与班禅两转世系统均由清廷扶持确认。格鲁派成为西藏地方政权的执政教派，西藏政教合一的统治形式自此进一步发展。

　　藏传佛教，俗称喇嘛教，是佛教三大系统（南传上部座佛教、汉传佛教、藏传佛教）之一，自称"佛教"或"内道"，

藏传佛教壁画

清代以来汉文文献中又称之为"喇嘛教"。
喇嘛教与内地佛教均来源于印度，但内地佛
教已无密宗，所以一般汉人不知喇嘛就是和
尚，而拉卜楞的老百姓也不知汉人多信佛教。
沟通汉藏文化，必须研究喇嘛教。藏族宗教
与内地教育颇类似，他们出家，与内地出外
读书差不多，由识字到深造，既可分，又不
可分。信仰宗教的人们，是出力维持寺院的
人们，也是被寺院统治的人们。寺院既是求
学的地方，受人崇拜的地方，也是为群众进
行娱乐的地方。而藏传佛教（包括密宗和显
宗）基本保存了印度佛教的基本形态。藏传

藏传佛教寺庙

佛教的理论可以这样概括：藏传佛教认为人想成佛是没有其他简单途径的，唯一正确的方法就是按照释迦牟尼佛的方法去做，也就是藏传佛教提倡的"身口意"的修炼方法。所谓"身口意"的修炼方法，是指如果你在身体上、言语上和思想上都能做到和释迦牟尼佛一样了，那么你就一定能够成佛。这就是藏传佛教思想的核心。

藏传佛教中的密宗和显宗一致坚持"身口意"的修行方式。显宗重理解，要系统学习佛学原理；密宗重修持，学僧接受专门教育。二者有一个主要的差别，就是如何达到"身口意"与佛相同的途径上。显

释迦牟尼佛像

宗认为只要按照那些公诸于世的佛经去做就可以了，所以它主张公开宣道弘法，显宗被称为显宗也是因为他们的这个观点。而密宗认为要想达到"身口意"，除了公开的佛法以外，还有一套秘密的方法，没有人传授密法修行很难达到"身口意"，所以密宗强调传承、真言、密咒和灌顶。

拉卜楞寺雪景

## 二、格鲁派寺院——拉卜楞寺

清代康熙四十八年（1709 年），第
一世嘉木样受青海蒙古和硕特部前首旗贝
勒察汗丹津之请，返回故里在此风光宜人
之地建寺，历经 280 多年的修建、扩充，
发展成为一个具有六大札仓（学院）、
四十八座佛殿和囊欠（活佛住所）、五百
多座僧院的庞大建筑群，最盛时寺内僧侣

拉卜楞寺一角

达 4000 人。

1709 年 6 月 13 日，第一世嘉木样大师在蒙古骑兵的护佑下，率领俄旺扎西等十八弟子安然返回故里。回乡后的大师和众弟子暂驻蒙古河南亲王府，并开始勘察拉卜楞寺的寺址。他们先后到过阿木去乎、来周滩、朗格尔滩等地，但都不是吉祥之地。因此他们继续前行，到了洒索淋地方，看到一座奇特的小山，断定它是吉祥的兆头。于是，他们预测了方向，开山掘石，果然挖到一个洁白的右旋海螺。大师师徒兴奋不已。第二天，也就是 1710 年 4 月 22 日那天，大师和众弟子又来到山脚下，看到一位藏族牧女在花草簇拥、流水潺潺的河边，背着水桶前行。于是，他们便上前询问该处的地名。牧女回答道："这河水右旋如海螺，人称'扎西奇'。"一世嘉木样大师站在扎西奇滩头，但见大夏河自西向东蜿蜒而流，形如右旋海螺，可谓山清水秀，风光宜人，正是佛经中所讲的吉祥右旋福地，于是当即决定在此建寺。这年七月，在河南亲王的鼎力捐助下，拉卜楞寺破土动工。

由于1709年藏历土牛年，是一世嘉木样大师确立经堂教育制度的一年，所以人们习惯上也把1709年视为拉卜楞寺的创始年代。两年后，拥有八十根柱子的大经堂

青山脚下的拉卜楞寺

拉卜楞寺

《甘珠尔》

首先竣工。一世嘉木样规定，经堂制度按哲蚌寺执行，辩经制度按郭莽学院执行，为后来拉卜楞寺的教育制度奠定了基础。一世嘉木样时建成了闻思学院和续部下学院。为了表彰大师的弘法功德，1720年，清朝康熙皇帝册封嘉木样大师为"扶法禅师"，颁赐金印，并特许穿黄马褂。

考察拉卜楞寺，可以有不同的角度。

作为宗教圣地，以及寺院以内的任何东西，都可以被认为是崇拜的对象。佛教的三宝，就是寺院里的佛、法、僧。关于佛，寺内除有六学院的佛像以外，还有活佛像。全寺大约有五百名活佛，其中包括十八位较大的活佛。寺院中的僧侣分类有的可列为佛，

拉卜楞寺担负着传播藏族文化的重任

有的可列为僧。至于法，则有用金汁书写的代表佛语的《甘珠尔》和代表注解佛语的《丹珠尔》等一万部以上的佛经保存在寺院图书馆中，一千部以上的佛经保存在不同的学院，几百部的佛经保存在每一位活佛的公馆或散存在每个学者的手中。木刻版存在印经院，无数的印片藏在寺院周围的玛尼法轮中，以便信徒边走边转。全寺有三千六百名喇嘛，公众聚会季节，还会远远超过这个数字。

拉卜楞寺除了被作为崇拜对象外，还是教育机关。藏族文化大部分是靠寺院来传播的，诸如学制、学习年限、升级留级、

学位、考试、以至于学院的分类、教师的级别等等，都与内地佛教寺院不同，与现代学校尤其是大学很类似。

　　作为居住区，寺院基本上是为上下他洼所供养的，两个他洼的人都是建寺以后才来的，是为寺院服务的。最初的居民，上他洼是十三家，下他洼是六家。

　　作为拉卜楞寺的创始人嘉样协巴（1648—1721年），即嘉木样一世，于1648年正月初八出生于夏河甘家滩。他七岁学经，十三岁出家为僧，二十一岁入拉萨郭莽学院深造，取得噶举巴学位。关于他的传说有许多，说他是权威神的转世，还有的说他是慈

《甘珠尔》

拉卜楞寺概说

拉卜楞寺一景

悲神的化身。他曾数念珠数了一百万遍，即念诵权威神的咒语百万遍。他用银水抄写整部《甘珠尔》，所以被认为为后代积福很多。他的父亲名巴须卡大巴布加，是三兄弟中最小的一个。可是他自己则在弟兄中居长，他的二弟和四弟都是出家人，三弟则在本地是最富有的人。

他的母亲是卡揭地方的人，名叫卡谋吉，传说在怀孕期间，做了很多吉祥梦。他在正月初八出生的时候，母亲在雨中听见龙啸声。占卜者说他有特殊的命运，但却要保密。

当他两三岁时，常在各处见到淡绿光环，也常看见锥形和佛像。据说，见到前者，是因为他在前生常念时轮咒语；见到后者，则因他是秘密佛咒语的专家。当玩耍的时候，他常是修庙宇上供、静坐，并为其他儿童讲道或跪下拜佛。到七岁那年，他就熟悉字母的不同写法，他也熟习占卦，并用巫术治病，他曾给他父亲治愈了其他人无法治疗的病。到了十三岁，他当了初步和尚，被伊西佳错认作徒弟，给他起名罗桑佳癸。后来，他成了土眉拉遵的徒弟。这个土眉拉遵师傅，以背诵六字真言一千万遍著名，并因真言的功效，于年老时重生出一列牙齿。因为此事，土眉拉遵被人普遍崇拜。他被徒弟嘉样协巴的天分所感染，因而建议徒弟的父亲送儿子

文殊菩萨像

到西藏进一步学习。

1668年，也就是他二十一岁时到达拉萨，给释迦牟尼像和文殊菩萨像献了哈达。文殊向他报以笑脸，这就是他的名字嘉样协巴的由来，即"曼殊勾沙的笑脸"。当他在哲蚌寺的拉姆瑞姆拉康殿内向一世达赖像叩头时，据说达赖伸出手摸了他的头。当他拜二世达赖所建造的宗喀巴像时，宗喀巴像竟告诉他说："你到五十岁以后，再来这里一次。"那时他不知道这话是什么意思，但后来他任哲蚌寺多门学院的法台时，他才明白这是预言。

1674年，他被五世达赖授以全僧戒仪式，那时他二十七岁。

拉卜楞寺一景

拉卜楞寺

二世嘉木样大师为拉卜楞寺的发展做出了巨大贡献

在拉萨40余年，他深通经典，精扬戒律，政教功绩卓著，有"宗喀巴后第一人"之称。五十三岁时任哲蚌寺郭莽札仓堪布，后返回故里建拉卜楞寺。他居拉卜楞寺十三年，弘法宣教，为寺院组织建设和讲修工作倾注了全部心血。1710年，他创建了该寺"显宗闻思学院"；次年建大经堂及后殿、净厨；1716年建"密宗神学下院"，为寺院发展开

创了良好局面。生平著作有 15 函，尤以五部大论的注释名扬藏区，被蒙藏地区的许多寺院奉为教本。

1721 年二月初五，一世嘉木样大师圆寂，时年七十四岁。他的肉身保存在拉卜楞寺经堂的金塔中。时至今日，他的忌日依然举行典礼。由他开创的拉卜楞弘法制度，经历世嘉木样活佛传承和落实，得到了长足发展。

二世嘉木样出生在青海省同仁县的尖札土司家族，是当地四大家族之一。相传他出生前，父母双亲好梦不断，常梦见日

夕阳下的拉卜楞寺

拉卜楞寺

月同辉，怀抱金佛。特别是他母亲南木吉在前往塔尔寺朝拜前，竟然梦到腹中的胎儿说："母亲不必去塔尔寺，儿为宗喀巴法传统人，日后您将顺心如意。"嘉木样二世出生那一天，普通百姓也前来报吉祥，说大师家的府邸被宝幢笼罩，光华四射，雄伟壮观。二世大师长大后，有一次见到王府福晋，福晋问他说："我是谁？"大师竟然对她说："我见过您，我年纪比您大。"俨然是一世大师在和福晋谈话。所以，在福晋等人主持下，久美昂吾被确定为一世嘉木样大师的转世灵童，那时他十六岁。

拉卜楞寺酥油花

拉卜楞寺概说

二世嘉木样大师对拉卜楞寺的
发展做出了巨大的贡献

二世嘉木样大师对拉卜楞寺的发展作出了巨大的贡献。他创建了时轮学院，并且使拉卜楞的势力进一步发展，所属寺院和部落迅速增加，政教合一制度进一步强化。所谓"拉卜楞寺属下一百零八寺"，就是在这一时期建立的。拉卜楞寺的学经制度也日趋完善，确立了以教授显密二宗为主，医药、历算、词章、音韵、书法、生明、雕版、印刷、绘画、歌舞等为辅的学习体系。二世对拉卜楞寺的发展颇有建

金碧辉煌的建筑屋顶

树，且博学多识，生平著作 12 函，主要有《第一世嘉木样传》《章嘉若必多杰传》《班禅伯丹益西传》《卓尼板丹珠尔目录》等。六十四岁圆寂。

第三世嘉木样（1792—1855），青海同仁县人，1798 年被迎入拉卜楞寺，十八岁入藏学经，二十六岁任拉卜楞寺法台，五十五岁任塔尔寺法台。1849 年清政府封其为"扶法禅师"，三世性好幽静，注重修持、衣食淡然。著作有《散论总集》等。第三世嘉木

拉卜楞寺大经堂

样时建成医药学院。第四世嘉木样时开始修建喜金刚学院，他四处传法，足迹遍布前藏、后藏和卫藏，声望日高。他曾进京朝觐光绪皇帝，经内蒙古地区时，广传佛法，每天前来顶礼的僧俗达万人之多。

目前的第六世嘉木样为洛桑久美·图丹却吉尼玛，1948年生于青海省岗察，1952年坐床，1989年组织重新修建了大经堂。

二　拉卜楞寺的公开聚会

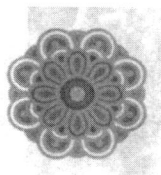

法舞表演

所谓的"公开聚会",是指在寺院举行的对群众公开的神圣舞蹈和其他的宗教活动。从寺院的观点看,它们都是一种宗教仪式,而实际上也是以仪式和艺术的动作进行群众教育的手段;但从群众观点看,则是宗教、艺术、社会和经济利益的综合,通过聚会都能得到满足。

拉卜楞寺一年有七次重大的聚会,特别是四月和九月的聚会,很多远方的部落都要赶来。他们来的时候,都是全家在距拉卜楞以西45里的三阔塘空地上搭上各自的帐篷,然后自己轻装到寺院,除了参观寺院的神圣舞蹈外,还得一步一叩头地围绕寺院转数周,甚至有人一步一叩头地由家乡到此地。拉卜楞寺的公开聚会气氛浓烈、淳朴,可能正是由于这些独到之处,去拉卜楞寺的人,无论冬夏,络绎不绝。

# 一、正月祈祷

它源于宗喀巴大师于1409年在拉萨举办的祈愿法会,藏语称为"毛兰姆"。自正月初三日晚起,到正月十七日止,历时十五天。在此期间将举行一系列的法事活动,其高潮集中在正月十三、十四、十五、十六这四天。其间拉卜楞寺的全体

僧人，每天要在大经堂诵经六次，祈祷佛法常在，天下太平等。

第一，正月初八日举行"放生"，在图丹颇章院内举行放生活动。首先由"议仓"官员宣布寺院内大小官员和属寺及部落头人的职权范围，然后将"拉章"终年密封珍藏的古董珍玩及金银宝库启开，共人们参观。僧众齐诵《找财经》，然后把准备好的马、牛、羊洒上净水，在耳朵上系上彩带后放走，凡是被放生的马、牛、羊，不允许任何人猎取。

正月间的整个活动会有二名骑马的卫士，一名僧人为首，其余是他瓦和萨哈村的俗众。因为他们的祖先最先在拉卜楞定居，

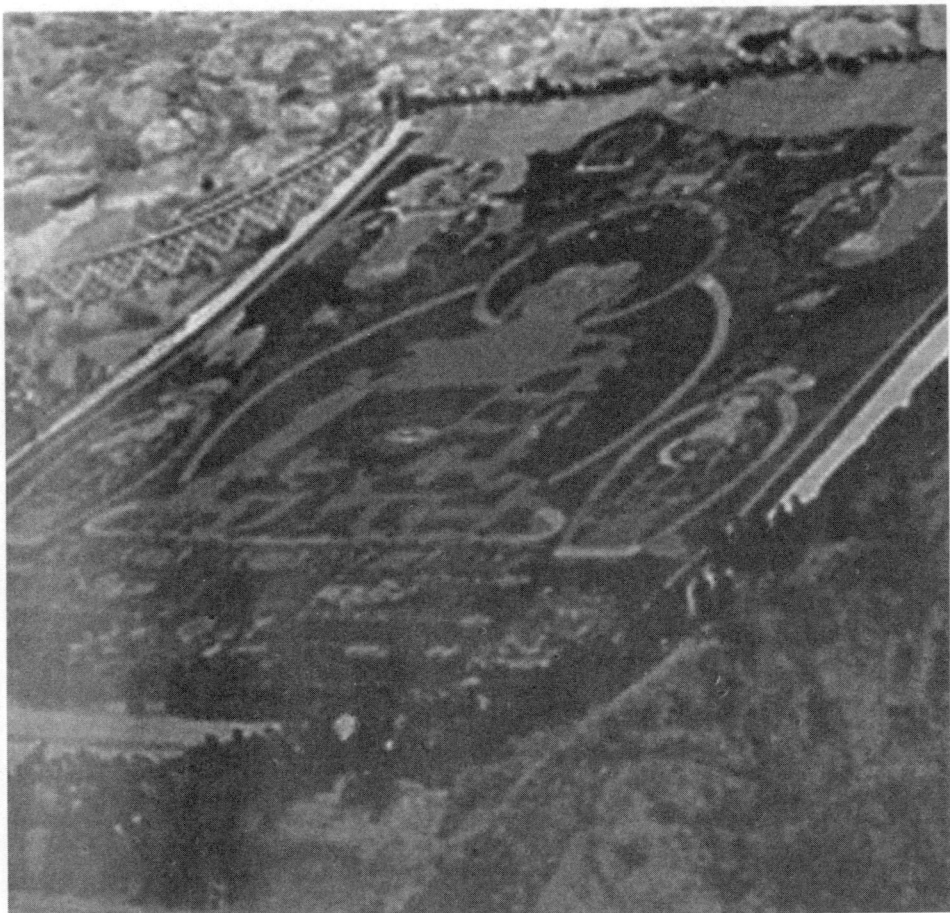

晒佛仪式

所以他们也是唯一有权可在寺院骑马的人。在这个季节，除了他们以外，他人均不得佩戴武器。

第二，正月十三日举行"亮佛"，将数十丈长的绣制佛像，展挂在王府对面山麓唯晒佛台，僧众高诵沐浴经，群众肃然，场面盛大。每年的正月十三，大约上午10

时，法号长鸣，在仪仗队和两个小喇嘛装扮的"花身土地"的引导下，上百名一个紧挨着一个的红衣喇嘛抬着那幅无比巨大、约有一千多平方米、用各色绸缎堆绣而成的大佛，迈出了佛殿的大门。届时，僧众击鼓诵经，"雄狮猛虎"左右开道，浩浩荡荡沿着寺院中间的大道向西南方约一公里之外的晒佛台迤逦而去。在大道的两侧，站满了众多来自甘肃、青海、四川、甚至更遥远的云南、西藏的朝觐者。大佛经过时，他们无论男女长幼或合十鞠躬，或敬献哈达，或仆地跪拜，然后便簇拥在大佛的前、后、左、右，一齐涌向晒佛台。

拉卜楞寺的公开聚会

拉卜楞寺晒佛台远观

晒佛台是一座不很高的土山，其平坦的北坡用以晒佛，当大佛从晒佛台自上而下顺势展开后，晒佛仪式便在由活佛或得道高僧担任大法台的主持下正式开始。同时，僧众大声诵念沐浴经，歌颂佛祖释迦牟尼的功德。四周万众肃然，默默祈祷叩拜，紧接着，覆盖在大佛之上的金黄色绸缎被缓缓打开，巨大的刺绣或装饰花纹的释迦佛或阿弥陀佛或宗喀巴的绣像在夏河对岸的上坡上展出。教务长在另一地方做必要的法，而活佛的代表则于河对岸的扎喜罗丹寺的佛像前读经。这时威严的教务长前来维持秩序，并有少数僧众帮助。他们手执鞭子或树枝，向群众挥舞，以免他们挤得离像太近。另外有两名穿着刺绣服装的人，模仿老虎，跳来跳去，有时他们向观众开玩笑，把他们的帽子抢去，但主要目的是使观众不要挤得太厉害，也是表示连凶猛的兽都因佛教的影响而得到驯服。

据说，晒佛当天便总能见到太阳，无论当天是阴云密布还是雪花纷纷，只要大佛一展开，总是会云开雪散，洒下束束阳光。之后，便又云雪依旧了。

第三，十四日的大跳神。中午 12 时在大经堂前的广场举行跳神。跳神的时间持续得特别长，全部活动大致要四五个小时，作

跳神图

拉卜楞寺的公开聚会

为预备，要念十日经咒，求怖畏金刚和法王允午和降福，同时有焚供。在跳舞方面，有跳舞者和作乐者各二十人上下，念阎王铁城经。大经堂门左边，展出法王大型画像，以降伏阎王和免除任何坏事。跳神的人假扮为法王、他的明妃、他们的侍从等。跳神的过程要有次序地进行，整个仪式都在一位被称为"年长的监护者"的喇嘛官员的监护之下。跳舞者事先要练习一年，然后才能实际参加，一旦参加到跳舞的行列中，便要一直进行三年。

宗教舞蹈

舞蹈的主题是打鬼，佛法战胜邪恶。当那个象征恶魔的人形符被杀死并扔进油锅里烧掉之后，万众欢庆胜利，气氛隆重、辉煌，然后法舞就结束了，众神祇和僧侣一齐将一种叫做"多日玛"的供神施鬼的食品运到寺郊焚烧，以预祝一年吉祥如意。当"多日玛"被推进燃起的大火时，群情鼎沸，枪声、鞭炮声轰然响起、震耳欲聋。藏民围着熊熊大火转着圈，跳起了异常激烈的舞蹈。

第四，正月十五日的酥油花灯会。晚上，大经堂前陈列出各种由六大学院和大、小活佛制作的十分精美的酥油花，主要是塑造的释迦牟尼、智慧神、遍知佛、未来佛、无量

弥勒佛像

寿佛和各种各样的慈悲佛母。将每一位都放在木架上，装上花和柏树枝，群众绕着走，每人都用头接触架边，以表示敬意。同时，他处还有藏戏演出。

第五，正月十六的转香巴又称"转弥勒"。僧人们抬着弥勒佛从大经堂开始，在乐队伴奏下绕寺一周，于正月十六早晨进行游行。穿着盛装的游行队伍抬着一尊特别大的佛像和两尊较小的佛像，还有戴面具的童子，由大经堂走出，围着寺院按顺时针方向转，他们背后跟着观看的群众。当他们到了大经堂外面广场的时候，游行队伍便告解散，当日的活动终了。弥勒佛是未来佛，意为祈愿未来幸福。

## 二、二月法会

从二月四日至八日，其间初五日纪念第一世嘉木样圆寂，名为"良辰"。二月初八日为"亮宝会"，僧侣数百人，持寺中宝物，绕寺一周，宝物有吉祥结、如意树、龙蛋、康熙所赐锡杖、百两金元宝等。

## 三、三月舞蹈

三月初六日，时轮金刚学院开始准备一个叫"干绘画"，用不同颜色，代表佛的宫殿即神秘图案或曼陀罗，不同颜色的矿石粉，用尖嘴管注到矮桌上，一种颜色在一种管内。各种颜色的设计代表宫殿——由上向下看的宫殿。设计搞完需要七天，到了十五日，还要举行玩耍的舞蹈。十六名和尚化妆成姑娘，头戴五佛冠，身穿女人服装，跳十分雅致的舞，以取悦于佛。这虽然不是大规模的舞蹈，但十分特殊，因为在一切喇嘛舞蹈中，这是唯一取悦于人而不是让人畏惧的。舞蹈在该学院院内举行，但一般观众可以进去参观，相信每个跳舞的人，死后都能重生在时轮金刚城内。

## 四、四月"娘乃节"

四月里有两件事比较吸引人注意，第一

曼陀罗花

拉卜楞寺的公开聚会

件事是四月二十日至二十三日在午曲札时举行的辩论。辩论是在学"智慧"的班级中举行。

第二件事是"娘乃节"，于四月十五日举行。此日是释迦牟尼降生、成道、圆寂的日子，僧众、信徒等要闭斋，转经轮，念六字真言，以示纪念。十五日举行的斋戒，纪念释迦佛在母腹中投胎，后来又取得解脱和涅槃。四月"娘乃节"也叫"四月会"，据佛经记载，佛家弟子和信徒凡在这一天做一件善事，或念一遍六字真言"唵嘛呢叭咪吽"，就等于平日做了 3 亿件善事，念了 3 亿遍真言。所以，这一天对僧众和

神舞

拉卜楞寺

拉卜楞寺广场上前来祭拜的信徒

信徒都极其重要，要不失良机地虔诚闭斋、转经轮、念真言。这一天，拉卜楞寺各个学院、经堂和佛殿全部开放，任凭僧俗群众进寺朝拜、进香和添灯油。经轮用木做骨架，装好经文，然后外面用生牛皮包裹，再在上面涂上大红油漆，并绘上图案，中间用金粉写上梵文。最后把经轮架在轴上，即可转经。俗家少女次日禁食和唱歌，所有的僧众此时都要素食，因为僧俗都敬神，在供桌上献酥油，还有在寺院的周围沿顺时针方向转圈的动作，这是一个真正的群众性的活动场合，不似其他季节，俗家只是旁观者。

# 五、七月法会

拉卜楞寺的公开聚会

拉卜楞寺殿堂前辩经场景

七月法会藏语是"柔扎"，俗称"说法会"。会期自农历六月二十九日至七月十五日止，共十七天，最隆重的一天是七月初八日。此会由宗喀巴大师的弟子加洋却杰为纪念护法神和法王而创立。七月法会仅次于正月法会，僧众每天都要到大经堂聚会七次。六月二十七日和二十八日两

天举行宗教辩论。六月二十七日先由大法台
讲述，然后由学院法台提问，大法台对答。
二十八日由学院法台讲述，然后大法台提问，
学院法台对答。表示法台必须要有高深的学
问，才能担任。从七月初一开始，每天早上
和中午都要进行辩经大会，参加辩论者为各
学级学习成绩优秀的僧人和取得"然江巴"
学位的僧人。辩论前一天，参加者要往各个
经堂、佛殿献花，并在大经堂向僧众献花，
花瓣如雨，颇为奇观。

七月初八为"米拉劝法会"。中午时分，
嘉木样大师和四大色赤、八大堪布以及诸位
活佛，都要登上大经堂前殿二楼的看廊，观

米拉日巴像

拉卜楞寺的公开聚会

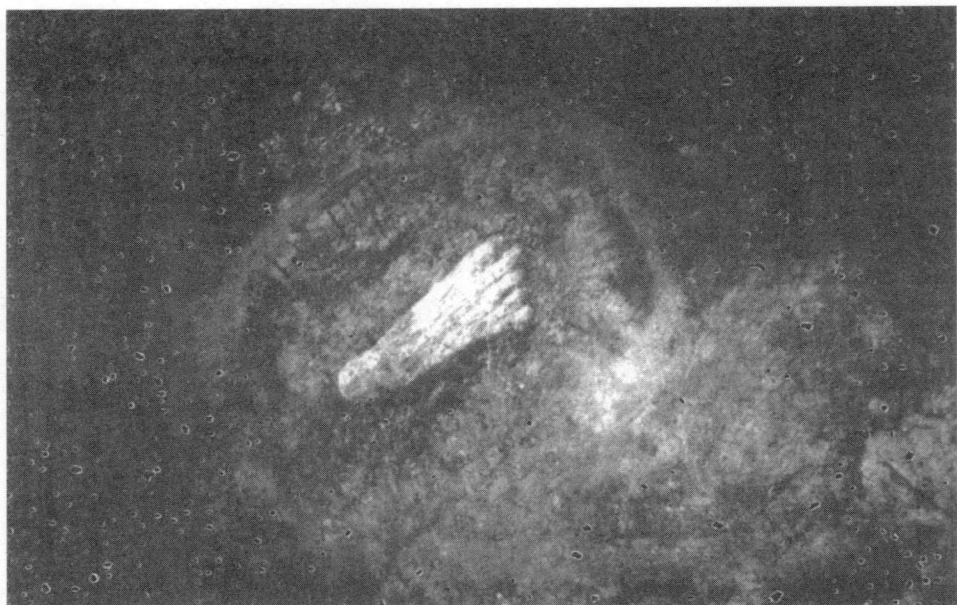

米拉日巴脚印

看在广场演出的圣僧米拉日巴劝化猎夫贡保多吉的故事。演出在闻思学院门前广场举行，前殿一楼前廊左侧为在职僧官的席位，右侧为一般僧众的席位，演出内层为本寺僧人坐处，外层是观众。演出时鼓乐喧天，盛况空前。最先出场的是头戴螺帽、臂缠红带、手持黑白花棍的"阿杂日"，紧随其后的是两头白毛绿鬃雄狮。阿杂日手持彩带，逗引狮子翩翩起舞。然后是藏族土地神"图格恰端"出场。他头戴黄色面具，白须白发，播撒青稞，祈求丰收。此时，阿杂日向群众散发糖果。接下来出场的是圣僧米拉日巴。他身背经包，右手恃锡杖，面裹黑纱，坐在面对看台的椅子上。
这时，两名童子驱赶着猎狗上场，被米拉日
巴先后说服。最后出场的是猎人"贡保多杰"。
只见他翻穿皮袄，颈挂念珠，腰悬宝剑，满
脸杀气。随后就是米拉日巴劝说贡保多杰的
过程。中间贡保多杰大怒，拉弓射杀米拉日
巴，但屡射不中。于是他向米拉日巴询问原
委。米拉日巴趁机讲经劝化，引导他皈依佛
法。大约到 16 点 40 分左右，法会才结束。
这场法会源于三世贡唐仓大师贝丹卓美。据
说当时寺内戒律松弛，学风萎靡，他创作这
套法舞，抨击时弊，揭露错误言行，扭转不
正之风，收到极好效果。此后年年举行，相
传至今。

## 六、九月禳灾法会

九月法会是典型的法舞，于农历九月二十九
日在嘉木样大昂举行，由喜金刚学院举办。
有十年以上表演经验者四十余人带护法面
具，在二十余人组成的乐队伴奏下，由舞官
领头，表演法舞。在大喇嘛的院子里，这一
天所有楼上的走廊和院子两面，都被观众占
据。两边走廊有八大三角叉，象征愤怒；在
三角叉边上有风轮，代表耳朵；可自远方听
到声音。北面的中门，是舞蹈者出入的通道。

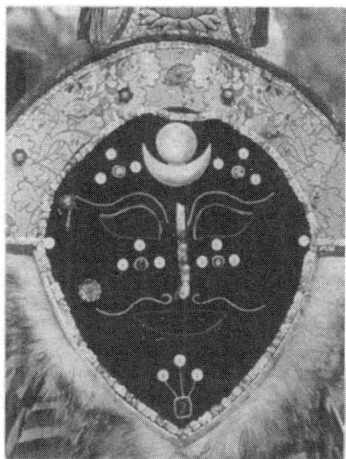

神舞表演者所戴的面具

在神舞前有一个斋戒时期，即在九月二十二，为纪念释迦佛返回人间，在给母亲讲法以后，为人类"转法轮"。届时寺院开放，与四月间相同。

## 七、十月纪念日

十月二十五日，是宗喀巴和他的门徒佳样曲接巴——哲蚌寺的创始人、嘉勤曲吉——色拉寺的创始人，三位大师的去世纪念日。嘉样二世是十月二十七去世的，所以拉卜楞寺由二十五至二十七开放三天。僧众念大经，寺院开放，让信徒朝拜。为了做焚祭，俗人还带来大麦面、柏树枝和

宗喀巴塑像

拉卜楞寺

拉卜楞寺一景

酥油，并且为酥油灯添油。二十五日晚间，寺院的所有房间和佛殿都点上灯，僧众都念经，并读宗喀巴传记。寺院附近的村庄，也到处燃灯，灿烂如星，故又称燃灯节。那景色，在人烟稀少的藏族居住地区来说，是十分壮观的。

## 八、冬至和夏至

在七个群众性聚会之后，我们还要提到一年内不同于上述聚会性质的节日，那就是冬至和夏至。

在冬至之前，时轮金刚学院的僧人念三

时轮金刚学院

天经，念保护神即马哈卡拉的经。到冬至那天，由每一学院，包括活佛的公馆等，将三角供送至河边，然后焚化，消除恶神，武装的俗人向空中鸣枪。当三角供从木嘉样的公馆和时轮金刚学院的院子里抬出的时候，武装的俗人也跟着，意思是：当太阳开始改变运程时，恶神就会跟着，所以需要仪式。同时，寺东、南两方，信仰保护神寺庙的前方、作曲札的空场、河南亲王门口等地方旗杆上，都换上新的经旗（大经堂门口的旗是在正月初三换的）。俗家人用子弹帮助驱恶神的，会得到当权者的

三 拉卜楞寺——喇嘛大学

拉卜楞寺是一所喇嘛大学

赞赏。在夏至时，同样的仪式在喜金刚学院领导之下进行，但不换旗子。

一座寺院的教育性质通常被其宗教活动所掩盖，拉卜楞寺在教育方面其实就是一所喇嘛大学。喇嘛大学从幼儿教育开始，这是它和现在大学的唯一区别。

学生入学有三项条件。第一，他必须年满八岁，且父母同意，个人申请的；必须不是加入了寺院后又还了俗的；必须不是被另一寺院中开除的；必须不是犯过强奸、偷盗、醉酒、说谎等罪的；必须不是异教徒；假定有个师傅的话，他的师傅必须在道德上完好无缺，他自己必须勤奋好

拉卜楞寺一隅

学，对于佛教有敬意，而且必须决心留在寺院。第二，他必须具备下列各种物件：披单、背心、裙子，用鹅黄色布做的道袍、毯子、帽子。第三，入学必须要具备相应的手续。首先必须找一个师傅，由他带着去见教务长，求得入学证，然后向训导长和学院总监作报告。必须首先学会藏文字母的各种形式。在考试时，除了例外，学员由初级到十三级都要通过辩论的形式进行，及格后才可进入相应的班级。

拉卜楞寺包括密教和显教学院。注重自由教育的是显教学院，显宗重理解，要系统学习佛学原理；密宗重修寺，讲技术，学僧

拉卜楞寺广场上的藏民

接受专门教育。所以由显教学院转入密宗学院比较容易，反过来则几乎不可能，因为从密宗学院进入显宗学院是受限制的。一般情况或者先入显教学院，然后进入密宗学院；或者到任何密宗学院，而放弃进入显教学院的可能；或者直接入显教学院。

拉卜楞寺有六大学院（札仓），各学院根据修习内容各有不同名称。分别为铁桑朗瓦札仓（闻思学院）、居麦巴札仓（续部下院）、居多巴札仓（续部上院）、丁科尔札仓(时轮学院)、曼巴札仓(医学院)、季多札仓（喜金刚学院）。最大的是闻思学院，属于显宗，其余五学院属于密宗及

正在修复中的大经堂正门

其他。所有学院的院长是庄显教学院的学者中选拔的，密宗学院只有三级，而显教学院则有十三级。

## 一、闻思学院

俗称大经堂，是拉卜楞寺僧人学习显宗的学院，一切规定、律仪、都依照拉萨哲蚌寺郭芒札仓，是嘉木样一世于 1710 年建立

转经筒长廊

的。那里有三千名僧侣学生，是六个学院中规模最大的一个。用大经堂作为开会地点，学五部经典，分十三级，给不同的学位，这只有在大寺院才可能进行。当全部课程都已学毕以后，或留在学院继续深造，或转入其他学院，如密宗学院。有些人读了数年之后，也可以中途停止，如果他们

拉卜楞寺

大经堂是拉卜楞寺僧人学习显宗的学院

要到其他的学院，任何时候都可以；假若继续读下去，最少也得十五年。但很少有人能够在此时间内读完，所以很多人终身停留在低级阶段。拉卜楞寺的僧人可以去西藏进修，但二者并无高下之分。

闻思学院的主要佛像与汉地佛像没有什么不同，只是大经堂的墙上有很多密宗佛像，因为此处也是全寺各学院的僧众聚会的地方。

学僧主要学习和研究三藏（论藏、律藏、经藏）、三学（戒律、禅定、胜慧）及四大教义（毗婆沙、经部师、唯识师、中观师）。通过师授、背诵和辩论的形式，最终要达到

拉卜楞寺——喇嘛大学

拉卜楞寺殿堂建筑上的彩绘

通晓佛学五部大论,即《因明》《般若》《中观》《俱舍》《律学》。还要分十三级学习这五部经典,一般需要十五年时间才能学完。

闻思学院的学习时间,一年分为九个学期,即四个大学期,每学期为一月;两个中学期,每学期二十天;三个小学期,每学期十五天。学经的方法以背诵与辩论相结合为主。学僧每年必须经过严格的考试方能升级,时间为每年农历十一月十九日。考试时,考生坐中间,回答格西和僧人们提出的问题,回答圆满,不漏点滴,方为及格。

闻思学院设三种学位,即然江巴、尕

仁巴和多仁巴。通常般若部毕业之后或六至十二年级的学僧可申请参加然江巴学位考试，科目以因明和般若为主。每年两次，第一次在农历五月十七日至六月十七日之间进行，第二次在农历十一月十七日至十二月十七日之间进行。凡俱舍部学完4年功课者，全部称尕仁巴。多仁巴是闻思学院的最高学位，其考试非常严格，不仅要求俱舍部毕业，而且要经大法台审查认为德才兼备方可报名，考试科目为五部大论，每年仅录取两名，分两次进行。第一次在农历正月十七日至二十日，第二次在七月九日至十三日。正式考前一个月，由寺主嘉木样大师预考一次，

拉卜楞寺内景

拉卜楞寺——喇嘛大学

拉卜楞寺僧众

令其背诵五部大论中的《根本论》，合格者方能参加正式考试。考前考僧要设宴五天，邀请本学院六年级以上的学僧及僧友参加，可算考前指导和提示，也促进与学长同窗间的友情。多仁巴候选人凡参加考试而未及格者，终生再无考取的机会，使得每年两个名额更显珍贵。若取得多仁巴学位，便可被派为活佛经师或属寺的经师。他们去世后还可转世，从而形成新的活佛转世系统。

## 二、续部下院

属密宗学院下院，1716年由嘉木样一世最早建立的密宗学院。主奉密宗集密、

大威德金刚像

拉卜楞寺
058

大威德、大自在（胜乐）、三大金刚、六臂和法王护法。僧众专修密宗，研习密宗教义，广授法师灌顶，有一百五十名僧人，设三个学级。初级叫小解级，学修生起次第，学僧主要背诵《怖畏九首金刚经》《六臂护法经》《法王护法经》《集密经》《大自在经》《续部经》等。升级时，必须背诵《大自在生起与圆满次第经》《集密生起与圆满次第经》《怖畏九首金刚生起与圆满次第经》三部经中一部，方可升入中级。中级叫大解级，必须背诵《集密自入经》《大自在自入经》《烧坛经》《续部经》《佛赞》，并要求学会用彩色细砂制造坛城。高级叫生起级，依据《生起与圆满次第经》中规定程序修行。僧徒均以不同程度授以解说、诵读仪式以及下述神佛的心理生起合静观圆满，即所修之佛的本尊，如胜乐金刚、密聚金刚、怖畏金刚。每年农历二月十七日至二十一日通过密宗教义的辩论考试，取得俄仁巴学位，每年只取一名。这个学院教规极为严格，戒律繁多。不准穿绸缎，不能饱腹，吃饭须持钵，外出要持锡杖，走路不准仰头等等。

## 三、时轮学院

时轮学院是 1763 年嘉木样二世为了传授藏历而修建的。它有一百名僧徒，他们也分作三个等级，最低级的叫作解释级，要求僧徒学习梵文字母，学习读和记以及关于各种神佛的典籍。当他们考试及格以后，即可升入中级，这是一个心理升起的过程。在这一级，他们学习诵经，学习勾画，观察太阳系统，作神秘图解，跳神祇舞蹈，演奏宗教音乐等。再经过进一步考试，即可升入最高级。每一级没有时间限制，全是根据个人收获而升级。除学习时轮密乘外，主学时轮天文历算。藏传佛教文化可谓博大精深，其中天文历算当属最为灿烂的篇章之一。藏传佛教的天文历算源自

跳神祇舞蹈

拉卜楞寺大经堂背面

古印度的时轮学，因而也叫时轮历。藏历是藏族学者在原时轮学的基础上发掘研究创建的一种学说。时轮学讲内时轮、外时轮和别时轮，主要用来研究人与天体自然的关系。藏传佛教时轮观认为，人体自身就是一个小宇宙，这叫内时轮，它与外时轮的天体大宇宙相对应。通过对天体星球运动规律的认识与研究，以发现人体自身运动变化的奥秘，最后获取二者之间不可分离的有机统一和联系，进而达到完全融合的目的。

该学院分三个学级，年限无定。初级，主学《妙吉祥名称经》《无上供养经》《普济经简释》等。中级，学习和背诵《时轮金

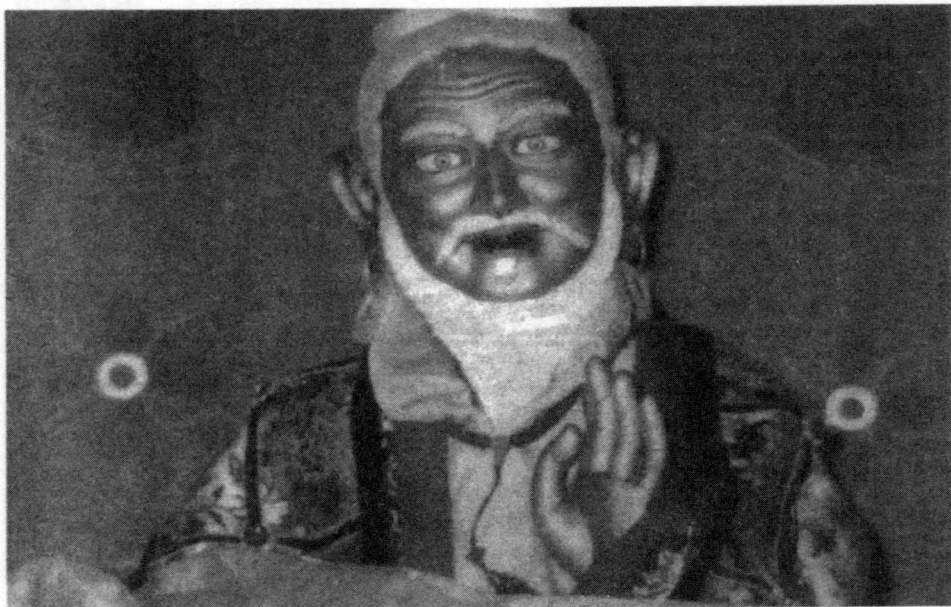

藏医宇妥·元丹贡布像

刚经》《现证菩提经》，学会坛城的描绘。高级，主修声明、诗词、历算、书法，并研究时轮金刚和怖畏金刚的生起与圆满之道。

## 四、医学院

为嘉木样二世于1784年仿照西藏拉萨药王山寺医药学院创建。有一百名僧徒，学僧主修藏医，也分三个学级。最低级叫做经典分类级，学僧必须背诵《皈依经》《绿度母经》《观音心经》《不动佛经》《根本续》《后续》等。中级叫做经典解释级，背诵《释续》《药王经》《马王白莲经》等。高级叫做道路分程级，主要研究《四部医典》

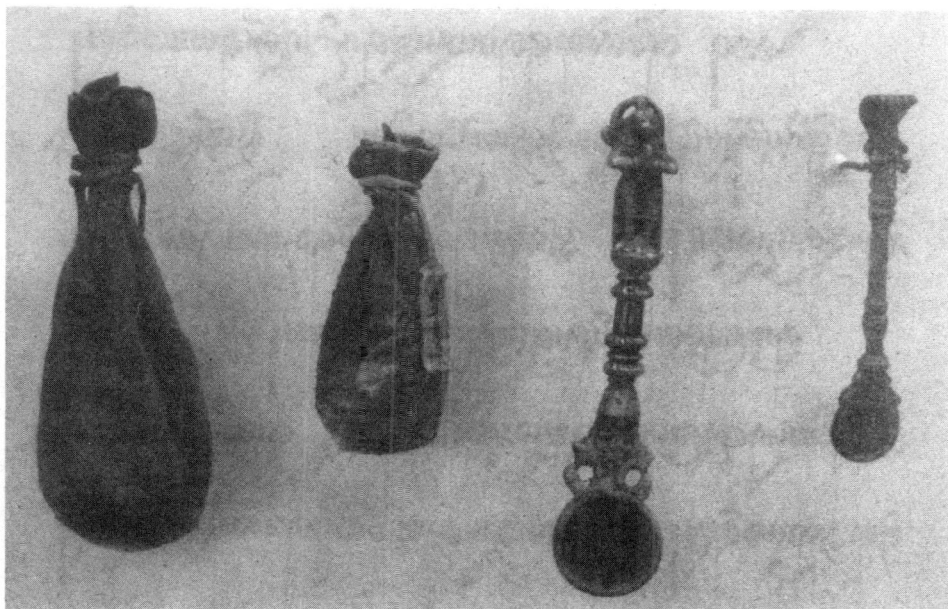

藏医器具

及《菩提道次第广论》等。这其中有关于诊脉的书，分解小便的书，以及泻便、外科等书。关于解剖、病理、饮食、行为、药物、医学器材等，也都作详尽的指导。

医学院的学僧除了学习藏医原理外，还从事实践活动。每年四月下旬、六月上旬、八月份要外出采药，七月下旬开始制药。成药有散、丸、膏三种，并给各地患者看病治疗。医学院曾培养出许多杰出的藏医。现今该学院生产的"洁白丸""九味沉香散""九味半黄散"三种药物已被列入国家药典；还有十八种成药单方被列入西北五省（区）地方成药，拉卜楞寺还成立了藏医研究所，藏

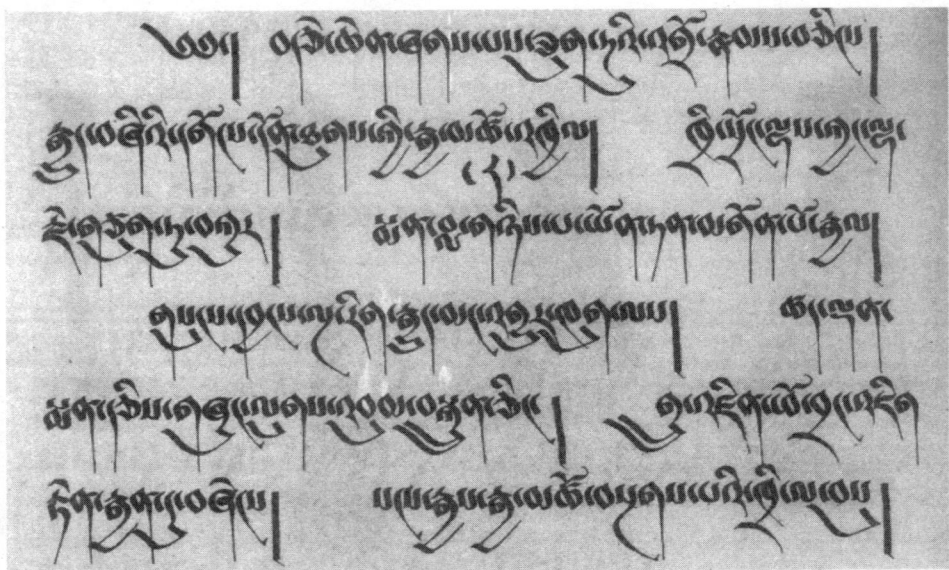

藏文书法

医学正在得到继承和发扬。

## 五、喜金刚学院

　　嘉木样四世于 1881 年修建，主供喜金刚、金刚手大轮、虚空瑜伽、集密、大威德、胜乐等密宗本尊，主要研究喜金刚的生起和圆满次第之道。分三级：初级，收三十五名学生，除学习该院密宗经典外，还要学习用彩砂绘制坛城，并考音韵、音乐等；中级，收二十五名，主要学汉历天文历算、藏文文法和书法艺术，并学习西藏传来的法舞跳法；最高级，收六十名，学僧必须遵守三律，防止身语之恶行，并要求掌握汉历天文历算。学僧主要背诵《无上供养经》《妙吉祥名称经》《大威德经》

依山而建的拉卜楞寺

《满愿经》《喜金刚迎请、加持、自入、烧坛、祝愿、回向经》《金刚手大轮经》《虚空瑜伽经》等。

## 六、续部上院

是嘉木样五世于 1939 年仿拉萨续部上学院修建的，主要研究密宗生起和圆满次第之道。分三个学级，年限无定，修习经典基本上相同于续部下学院，只有某些细节不同。这里的"上""下"两个字并不代表在下学院学过才可升入上学院。这两个字来源于西藏，是根据两院分别所处的方位来定的，不是指所学内容的高低。

## 七、藏书

拉卜楞寺藏经楼内存放着浩如烟海的藏文古籍，是现有藏传佛教寺院藏书最丰富的寺院之一。1958年前拉卜楞寺藏书达22.8万余部，后来损失严重。现存经籍仅占原藏书的39.6%，计有6.5万余部，1.82万余种（复本书和《甘珠尔》《丹珠尔》除外），包括医药类、声明类、工艺类、天文历算类、修辞类、书信类、历史类、传记类、全集类和各种佛典。珍藏有贝叶经（写于印度贝多罗树叶上的经文）两部。近来甘肃省成立了"甘肃省拉卜楞寺藏书研究所"，1988年改为"甘肃藏学研究所"，展开了对拉卜楞寺的研究。

印经院内保存有各种木刻经版7万余块。另外拉卜楞寺保存有众多清王朝以来历届中央政府颁赐给嘉木样活佛和其他大活佛的封诏、册文和印鉴等历史文物。如清朝光绪皇帝给第四世嘉木样的封文、民国政府给第五世嘉木样萨木察活佛的封文、国民党政府褒扬第五世嘉木样令、清道光赐给第三世嘉木样的印鉴、民国政府颁给第五世嘉木样的印鉴等，另有金、银、铜、象牙、石、木等大小印鉴二十一枚等等。

拉卜楞寺藏经楼

# 四 拉卜楞寺的寺院组织

# 一、僧侣的分类

嘉木样为拉卜楞寺僧侣阶层中的最高等级，为拉卜楞寺院最大的活佛。色赤是继嘉木样活佛之后的又一特殊等级阶层。享受色赤地位的活佛有六位，分别是：贡唐仓、霍藏仓、萨木察仓、德哇仓、喇嘛噶绕仓和阿莽仓。堪布佛位的活佛为拉卜楞寺活佛等级中的第三等级，共有十六位活佛。相当于堪布的活佛共有四十多位，为拉卜楞寺院僧侣等级中的第四等级。侧席地位的活佛有二十余名，他们的地位是比较低下的，但比僧人略高一等。这一地位的活佛，在拉卜楞寺般若部毕业后，一

拉卜楞寺建筑一角

拉卜楞寺

般都被派往本寺各学院及属寺任法台。普通僧人为最后一个等级。拉卜楞寺的大小活佛享有的各种特权，随地位高低不同而有很大差别，地位越高权力越大，特权也就越多，表现在居住、服饰、丧葬等方面的特权也不尽相同，形成藏传佛教寺院特有的文化现象。

任何在寺院学习的人，都被叫做"乍巴"，即"学生"的意思。所有乍巴，不管是"转世的"，还是普通的，都是以下述标准进行分类：是否有公职，受戒程度如何，在闻思堂进修情况如何，得了什么学位，是否有名誉头衔。乍巴可以是"转世的人"，通常叫做"活佛"；也可以是不知自己前生的普通

贡唐宝塔

拉卜楞寺的寺院组织

人。一个"转世的人"有自己的特长，据说不是由此生学来的，而是由前生带来的。人们相信这是超自然的，但这些特点并不给这位"转世的人"什么学术地位或行政义务。学术地位是自己挣来的，除非他被认为是寺院的主人。寺院中的任何职位都是由较高的权威任命的，所以"转世的人"只有在自己的寺院，才能享有行政权力。如果不在自己的寺院内，他在学术上和行政上都与其他人一样，就是在自己的寺院，他也必须经过正规的学术训练。

转经筒遍布拉卜楞寺的各个角落

拉卜楞寺

拉卜楞寺

论到受戒，最初级叫做居士或"格念"，即不许杀生、偷盗、强奸、说谎、醉酒等五戒必须遵守。其次是"饶迥"，独身生活和某种程度的苦行生活就开始了，除了"格念"的五戒外，还要加上另外五种戒律：不睡悬高的床，不带刀，中午以后不进食，脸上不涂香料，不存私财。其次是"格促"，必须遵守十三法，可分析为三十六条戒律。"格促"亦称修士。受圆满戒的和尚，叫作"格龙"，他有二百五十三条戒律。

拉卜楞寺檐柱上的神兽

## 二、职员

经过近二百多年的发展，至 1958 年前，拉卜楞寺逐步形成了一套政教合一的组织机构和教务、政务的统属关系，它既是安多地区最高学府，也是最高行政首脑机构之一。

拉卜楞寺历史虽然不很长，但其发展之迅速、规模之兴盛为藏传佛教其他寺院所不及。嘉木样活佛是拉卜楞寺的最高住持，下分两套机构，就是作为行政机构的"拉章"和作为寺庙组织系统的"磋钦措兑"。拉章组织，系嘉木样大昂（佛宫）组织，

由襄佐、司食、司服装长、经务、秘书、承
宣、嘉木样代表、管家等组成，负责嘉木样
本人及嘉木样佛宫的有关事宜。拉章设襄佐
一人，职权最大，管理教区的政教财务大事；
葛巧堪布一人，等于嘉木样的机要秘书，保
管印信；昂佐一人，管理嘉木样私人财产。
磋钦措兑，系教务会议组织，在嘉木样领导
之下，由总法台、总僧官、财务长、总经头、
管理长、亲王管家，僧众代表六人、秘书等
组成，负责全寺宗教事务和财务。磋钦措兑
设大法台一人，掌管本寺教务与财务大权，
住持磋钦会议，决定本寺一切重大事宜。

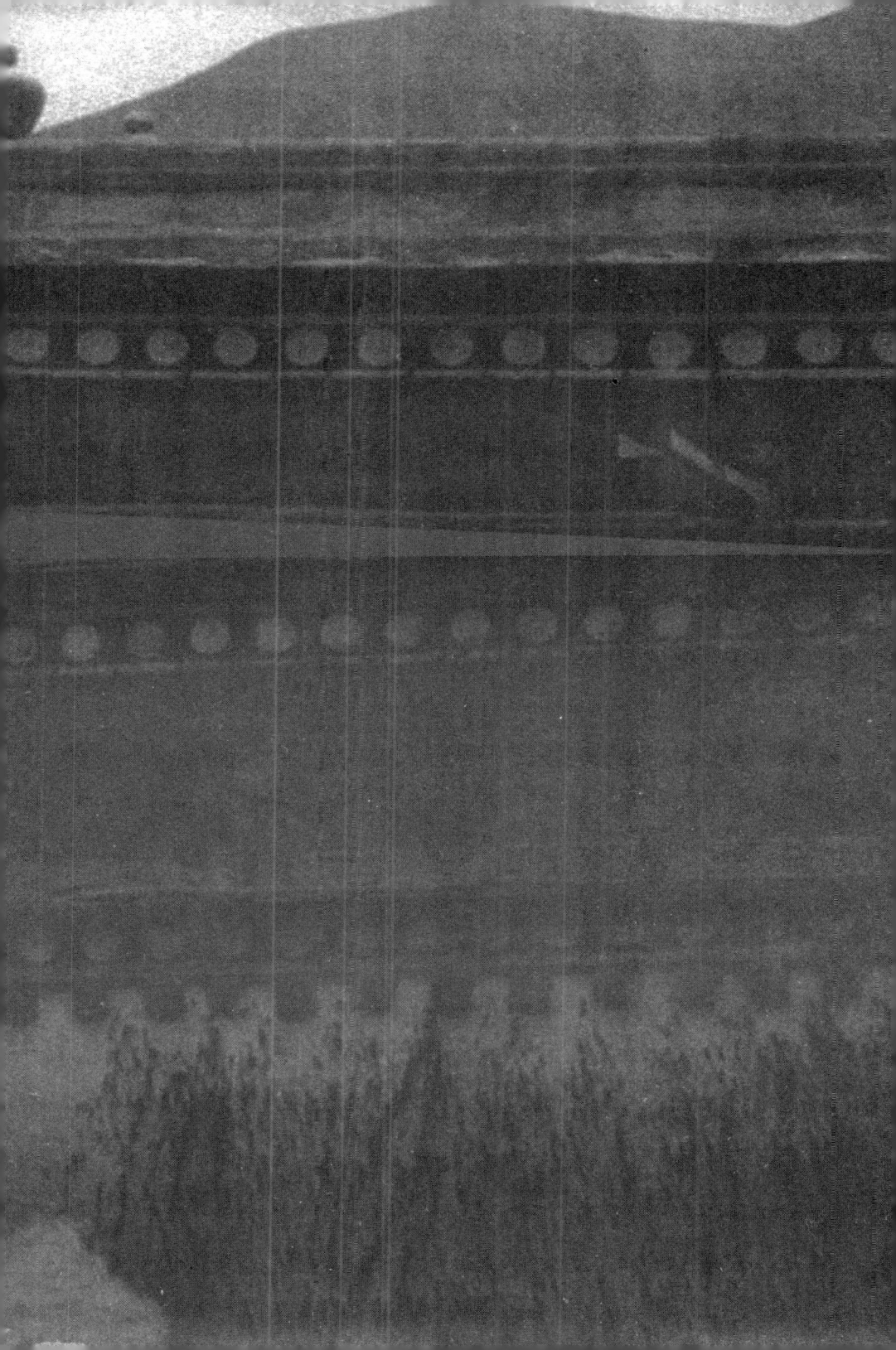

1940年，五世嘉木样从西藏学经返寺后，调整和改革拉卜楞寺的组织机构，建立了议仓组织（秘书处），由嘉木样亲自领导，襄佐主持，成员有议仓堪布、司食长、司服装长、经务长、秘书长、承宣长、拉章代表、管家和司讼员等，取代了仲贾措兑和磋钦措兑的权力，统辖全寺和寺属部落的一切政治、宗教、军事大权。从而权力高度集中于嘉木样手中，更加强化了政教合一制度。

拉卜楞寺一角

## 三、寺院组织

拉卜楞寺的属寺总称一百零八寺，实际不止此数。其中甘肃境内有六十六寺，青海境内有六寺，四川境内有二十一寺，内蒙古境内有七寺，西藏境内有五寺，山西有一寺，北京有一寺。这些寺院都是拉卜楞寺的子寺，但它们与拉卜楞关系之密切程度却各不相同。基本上有三种形式：第一种是政教两权统属拉卜楞寺院管理，并由拉卜楞寺院派"更察布"（代表）、"吉哇"、法台管理该寺及所属部落的一切政教事务；第二种是教权属于拉卜楞寺管理，由拉卜楞寺派法台或经师、僧官、更察布，只管理教务，不管政务；第三种是在宗教上有着密切关系，但拉卜楞寺不直接管理其政教事务。

拉卜楞寺的寺院组织

拉卜楞寺所属部落按依附程度分为四类。第一类称"拉德"，意为神民，是蒙藏王公贵族从自己的属部中转给寺院的"香火户"，有河南蒙旗十一支箭地、拉卜楞寺附近十三庄、桑科、甘加六族、科才、欧拉、尼玛、阿坝六族、多合尔部落等。第二类称"穆德"，意为政民，是拉卜楞寺利用教权控制的部落，有阿木去

拉卜楞寺一景

拉卜楞寺

乎、扎油、博拉、下巴沟、美武五族、三乔
科、阿万仓等。第三类称"曲德",意为教民,
宗教上受拉卜楞寺的影响和控制,这些部落
有麦科尔、上作格浪哇、牙端木、唐科尔、
上南那、经科尔、木拉小俊、曼龙、下卡加等。
第四类称"栓头",表示和拉卜楞寺院有往
来关系,这类有科哇乃门、拉马吾建等。

　　拉卜楞寺院对"拉德"和"穆德"
部落大都派有"郭哇"(头人)或"更察布",
代表嘉木样和拉卜楞寺统领该部落的一切政

拉卜楞寺壁画

拉卜楞寺一景

拉卜楞寺

教、军事大权。郭哇和更桑布的人选，均从嘉木样的八十随从中选任。一般牧区称"郭哇"，在农业区和半农半牧区称"更察布"。郭哇和更察布的不同是前者只管政务，后者兼管寺院。

拉卜楞寺及其主要活佛都拥有较多的土地、牧场、森林、牧畜、房室等。拉卜楞寺的财产所有情况分以下几类：属全寺所有，属六大学院所有，属嘉木样佛宫所有，属各大小活佛所有和一般僧人个人财产。再加上寺院还从事放高利贷等商业活动以及信徒布施、僧徒募化等，使大量的财物流入拉卜楞寺，从而使拉卜楞寺具有雄厚的经济势力。

拉卜楞寺的寺院组织

五　藏艺博物馆——拉卜楞寺的独特艺术

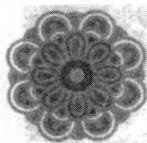

拉卜楞寺建筑具有鲜明的藏族
建筑风格

# 一、建筑、雕塑、绘画

拉卜楞寺建于山间盆地里,坐北向南,负山面河。大夏河自西向东从盆地南缘流过,河的北岸就是寺院。寺院总平面略呈东西横向的椭圆形,占地 8.2 公顷,建筑面积 82.3 万平方米,整个建筑布局周密,造型宏丽,粗犷豪放,富丽堂皇,具有鲜明的藏族建筑艺术风格和特点。由于受地形限制,寺院建筑形成东北至西南向长一千一百余米、南北向长六百余米、中间宽两头窄,呈树叶状态的平面格局。整个建筑群以东北及西北之白塔为标志,高大经堂、佛殿均集中在西北方向,以闻思学院的大经堂为中心点,其他殿宇以半月形格局呈群星捧月之势。环寺院而建的经纶廊与朝拜道路形成寺院的轮廓,东北角为寺院主入口,入口至护法殿的道路形成主路,支道路与广场形成脉络将寺院建筑有机而统一地组织在一起。由于吸收了藏汉民族建筑之精华,在整体设计、建筑工艺、艺术风格方面都表现了极高的工艺水平。

拉卜楞寺是长期逐步扩建而形成的,其规模在六大寺中仅次于扎什伦布寺而居第二。在建寺以前,并没有完整的详细规划,

但在建成以后，却具有一种浑然天成的统一感。全寺从山坡到河边，基地由高而低。重要建筑如学院、佛殿和主要活佛府邸，几乎全都集中建于近山的高处，周围三面簇拥着大片低小的僧舍，使高者益显其高，对比十分鲜明。

拉卜楞寺的建筑，依其用途可分为经堂、佛殿、囊欠、僧舍和其他5类。依其建筑结

拉卜楞寺建筑外墙多为青灰石砌成

构，可分为石木和土木两类，其中木石结构最常见，有"外不见木，内不见石"之谚。其建筑材料全用当地特有的土、石、茴麻和木材，墙的外层用大小均匀的青灰石砌成，光滑洁净，整齐和谐；内层用木料支架立柱，雕梁画栋。依其形式，拉卜楞寺建筑属藏式布局，建筑形式多为藏式，汉地宫殿式和藏汉混式。根据其级别和用途

拉卜楞寺闪闪发光的金顶

不同，在建筑外面分别涂黄、红、白色。嘉木样和各色赤的楼房涂黄色；八大堪布及相当于堪布地位的活佛和有呼图克图封号的活佛，楼房涂红色，再配以闪闪发光的金顶和屋顶上的鎏金饰件，显得壮丽巍峨；普通僧舍只允许建单层，且外墙面一律只能刷饰白色。六大札仓各有其经堂，还有十八囊欠（活佛公署）、十八拉康（佛寺）以及藏经楼、印经院等，颇具藏族风格。寺院经堂、佛殿和大囊欠屋顶及殿前布圆上均有铜质鎏金法轮、阴阳鹿、宝瓶、经幢、雄狮等组合图案，部分殿堂的屋顶有鎏金铜瓦和绿色琉璃瓦。

飞檐凌空，龙腾兽越；金瓦红墙，古朴典雅。

　　全寺共有六大经堂，每所学院都有以经堂为主组成的一组建筑，供本院僧众集中学习使用。学院主要建筑一般取中轴对称布局，自前而后，由前门（或前殿）、廊院、经堂和紧附在经堂后面的后殿组成。经堂是学院的主体，一般在学院附近还附有夏季讲经院和厨房，有时在学院外还另建护法殿。各学院形制大同小异，只是规模大小有所不同。

　　最大的是闻思学院经堂，又称大经堂。它是"磋钦措兑"会议的场所，平时供本学院僧众聚会诵经，重要宗教节日时又供全

拉卜楞寺大经堂

藏艺博物馆——拉卜楞寺的独特艺术

拉卜楞寺色彩艳丽的壁画

寺僧众集中诵经，为全寺之中枢。一世嘉木样初建时，只有八十根柱子，1772年二世嘉木样扩建为一百四十根柱子，可容纳三千僧人诵经。大经堂正殿东西十四间，南北十一间。正殿内悬乾隆皇帝御赐"慧觉寺"匾额，内设嘉木样和总法台的座位及僧人诵经坐垫，供有释迦牟尼、宗喀巴、二胜六庄严、历世嘉木样塑像，悬挂着精美的刺绣佛像及幢幡宝盖等，显得十分华

松赞干布像

丽。经堂陈设、装饰富丽豪华，四壁绘各类佛画并嵌以佛龛书架，柱上悬挂着精美唐卡和幢幡宝盖，顶幕缀以蟒龙缎。殿壁周围绘有颜色艳丽的壁画，题材以佛教故事、历史人物、风俗装饰为主，构思精巧，刻画细腻，色彩绚丽，并镶以佛龛书架，结构严整，金碧辉煌，庄重中透出富丽。

1946 年，五世嘉木样又建了前殿院。前殿供松赞干布像。前殿楼为大屋顶式建筑，

弥勒佛殿

顶脊有宝瓶、法轮等饰物，楼上供吐蕃赞
普松赞干布之像，楼上前廊设有嘉木样大
师、四大色赤、八大堪布等活佛们每年正
月和七月法会观会时的坐席，楼下前廊为
本院僧官逢法会时的座位。前庭院是本院
学僧辩经及法会辩经考取学位的场所，有
廊房三十二间。后殿正中，供奉着鎏金弥
勒大铜像，后殿左侧供奉着历世嘉木样大
师的舍利灵塔，及蒙古河南亲王夫妇和其
他活佛的舍利灵塔，共十四座，右侧为本
寺护法神殿。正殿之西为大厨房，内有大
铜锅四口，大铁锅一口。自此，大经堂成
为有前殿楼、前庭院、正殿和后殿共数百

间房屋，占地十余亩的全寺最宏伟的建筑，充分显示了藏族人民高超的建筑艺术。

除各学院的经堂外，拉卜楞寺有众多佛殿，佛殿建筑是指位于单独地段、专供礼佛之用的建筑，非常重要，因而体量都很高大。有的佛殿属于某一活佛所有，但为了强调法相庄严，规模仍相当高大。佛殿是僧众诵经和信徒朝拜的场所，拉卜楞寺现有十多座佛殿，较为著名的有宗喀巴佛殿、千手千眼观音殿、弥勒佛殿、释迦牟尼佛殿、白伞盖菩萨殿、救度母殿、白度母殿、寿安寺、悟真寺、普祥寺、图丹颇章和护法殿等。其中弥勒佛

释迦牟尼佛殿

藏艺博物馆——拉卜楞寺的独特艺术

拉卜楞寺一角

拉卜楞寺建筑群

拉卜楞寺

拉卜楞寺随处可见的转经筒

殿，亦称"寿槽寺"，坐落在大经堂之西北隅，高达六层，纵深各五间，初建于1788年，1844年由卓尼察汗呼图克图额尔德尼班智达捐资予以翻修，并建金瓦亭。该殿为藏汉混合式结构，最高层为宫殿式的方亭，四角飞檐，其上覆盖鎏金铜狮、铜龙、铜宝瓶、铜法轮、铜如意，阳光下金碧辉煌，故俗称为"大金瓦寺"。殿内供鎏金弥勒佛大铜像，高八米左右，两侧供八大菩萨鎏金铜像，高五米左右。殿内藏有金、银汁书写的《甘珠尔》。

释迦牟尼佛殿，位于弥勒殿西边，仿拉萨大昭寺修建，亦为鎏金铜瓦屋顶，俗称"小金瓦寺"。该殿高三层，二层内供有释迦牟

拉卜楞寺僧舍

尼佛像，两侧有两根铜质龙柱。第三层为嘉木样护法殿，殿前为图丹颇章，系历世嘉木样坐床和举行其他隆重仪式典礼的地方。

寿安寺，系萨木察仓捐资修建的，在时轮学院前面，纵深各五间，门上悬清嘉庆帝御赐用汉、藏、满、蒙4种文字书写的"寿安寺"匾额一面，殿内供狮子吼佛铜像，高十三米。

拉卜楞寺还有藏经楼、印经院、夏丹拉康、菩提法苑、嘉木样别墅、铜塔、厨房和牌坊等建筑。

## 囊欠建筑

拉卜楞寺建筑上饰以鲜丽浓重的色彩，显得十分大气

活佛府邸藏音为"囊欠"，是担任高级宗教职务的活佛自己建造的宅院。拉卜楞寺盛期，据称曾有三四十座囊欠，其中嘉木样的府邸规模最大。一般的囊欠形制与文殊菩萨殿、白度母殿差不多，只是府邸常附有大院，一进至多进不等，院三面环绕裙房，供仆役居住。例如郎仓活佛府邸有两进院落，住宅与佛殿位于第二进院，坐北朝南，佛殿在东、住宅在西并排布置，东西两面布置附属用房。

## 僧舍

僧舍是普通僧侣居住的小院，是当地民居形式的平房院落。拉卜楞寺的僧侣有私人

财产，经济独立，一般僧侣都有属于自己的僧舍（先是租用，或跟师傅住，有条件时可以自建）。拉卜楞寺现有僧舍五百多院。

拉卜楞寺所创造的丰富的内部空间，追求大起大落强烈对比的体形和体量，以及鲜丽浓重的色彩和装饰，都显示着一种粗犷的、豪放的美和外向的性格，极大地丰富了中国建筑艺术史的内容。这种艺术性格，产生于藏区严酷而粗放的自然风貌和变化剧烈的气候条件环境之中，同时也与藏族社会和藏传佛教有更直接的关系。它鲜明的民族性、地方性和所体现的思想意识与审美心理，都具有深刻的意义。

拉卜楞寺内景

## 雕塑

拉卜楞寺最为出色的艺术品是各种雕塑。全寺三万余尊佛像中，除少数泥塑、石雕外，大部分是珍贵的金雕、银雕、铝雕、铜雕、象牙雕、玉石雕、檀木雕、水晶雕佛像。其中铜制鎏金佛像约占70%，最大的铜制鎏金佛像为狮子吼佛像，高9米、宽4.43米，并有巨型靠背。传说格鲁派创始人宗喀巴大师是该佛的化身。据说该塑像体内装有如来舍利、宗喀巴大师的发舍利，三世达赖喇嘛供奉过的宗喀巴佛像以及印度、西藏大成就者的发舍利、法衣等。佛像雕塑及工艺品，除部分是本地工匠雕造外，大部分由来自北京、西藏、内蒙古及中原地区的能工巧匠雕凿，还有的出自印度、尼泊尔等国手艺高超的金属工匠之手。不少佛像身上还镶有珍珠、翡翠、玛瑙、金刚石等贵重饰品。佛像制作精美，形态庄重，面容慈祥，给人以美感。

拉卜楞寺的木雕工艺品为数不多，却较为著名。最大的是医药学院后殿中拉科仓大师灵塔左侧的不动金刚檀木雕刻佛像，高3.5米，宽1.75米。它雕刻细腻，神态逼真，安详寂静，富有智慧。另外，大经堂正殿

酥油花

拉卜楞寺

酥油花

供奉的千手千眼观世音菩萨像，则最为精细而姿态优美。

## 拉卜楞寺酥油花艺术

酥油花艺术源于西藏，相传文成公主入藏时，从长安带去一尊释迦牟尼像，供在拉萨大昭寺内。黄教创始人宗喀巴大师在这尊佛像上献上了莲花护法冠，供上了一朵酥油花。此后，酥油花就传习下来。酥油花作为拉卜楞寺的主要艺术品种之一，以其优美的造型

藏艺博物馆——拉卜楞寺的独特艺术

艺术和浓郁的民族风格博得了人们的喜爱和赞赏。

酥油是牛奶、羊奶反复搅拌后提纯出的营养极为丰富的油脂食物，藏民族在日常生活中几乎离不开它。酥油不仅可以食用、点灯供佛，而且还可以入药调和，治病救人。酥油的特点是柔软细腻，色泽柔和，可塑性极强，把它运用到雕塑工艺中，可塑出一幅幅完整的人物形象或其他内容的艺术造型，现已成为甘、青、川、藏等藏区各佛教寺院中油塑艺术的最佳原料。

酥油花一般在藏历正月十五前的两三

酥油花

拉卜楞寺

个月开始制作，其过程较为复杂。首先用木料按酥油花图案形状制成模板，背面置有铁环，以备移动。为粘接牢固和节省酥油，在模板上用麦草和纸等扎成各种佛像、人物、花草树木、飞禽走兽等的形体框模，然后将酥油捏成小团，用颜料混合使之成为五颜六色的雕塑材料。材料准备就绪后按个人所长，进行分工制作。制作时，在每人前面放一盆冷水，将带色的酥油放入水中，捏成所需的各种形状，在模型上组成各种形象。这一道工序需要在零度以下的室内进行，将酥油与和好的豆面团放置在冷水中使劲揉搓，使手

唐卡壁画

藏艺博物馆——拉卜楞寺的独特艺术

酥油花艺术

上的油渣擦净，再将酥油放置冷水中反复。有的作品完成后，还需要用淡淡的颜色或金、银粉勾描，让其更加鲜艳夺目。

做工精致的酥油花

制作酥油花没有固定的尺度和模型，全凭个人丰富的想象和多年来的实践经验。它形式多样，题材广泛，从小不及寸的飞禽走兽到几米高的亭台楼阁，从一草一木的花草盆景到大型组合的连环故事，都可塑造得栩栩如生。《释迦牟尼本生故事》和《文成公主进藏》就是艺僧们最成功的艺术佳作。前者在很小的空间里塑造了释迦牟尼从托梦到降生、涅槃、建塔等八个生动场面，其间出现的几百个人物，众多的楼阁亭台、花草树木、飞禽走兽都布置得疏密得当，错落有致。连小到几厘米的人物塑像，从五官四肢到形态衣着，都塑造得惟妙惟肖。《文成公主进

藏艺博物馆——拉卜楞寺的独特艺术

四臂观音菩萨唐卡

西方广目天王唐卡

藏》生动描绘了文成公主与松赞干布完婚这一藏汉民族友谊见证的历史事件，整体油塑刻画了"五难婚使""许婚赠礼""辞别长安""过日月山""柏海远迎""完婚"六个典型场景。画中人物个性鲜明，形象

兜率天上师瑜伽小唐卡

生动，既表现了文成公主的聪明美丽，又突出了松赞干布的机谋深沉。

拉卜楞寺陈列酥油花的地点在主体建筑大经堂前的"道加塘"广场。每逢正月十五日晚，这里便拥挤着来自甘肃、四川、青海等省藏区的僧俗及游客。众僧列队朗诵经文，善男信女朝佛进香，四厢佛灯并燃，香烟缭绕，灯月交辉，整个寺院人山人海，热闹非凡。这一充满智慧的艺术创造，引起朝拜者极大的兴趣，并对其肃然起敬。酥油花是拉卜楞寺的骄傲，是藏族文化艺术魅力之所在。

中阴文武唐卡

十一面千手千眼大悲观音唐卡

拉卜楞寺

美丽的唐卡

它蕴含了藏族的历史、风俗、伦理道德以及审美情趣，其观赏价值、艺术价值和研究价值在世界文化艺术中独树一帜。

## 绘画

拉卜楞寺不断地制作和陈列佛像、壁画和唐卡，教民们也将自己制作的佛像精品送到寺院奉献给神佛，以为善业、还愿。这样年复一年，寺院变成了艺术品最集中、最精美的博物馆，拉卜楞寺现保存完好的佛像成千上万，无以计数。

拉卜楞寺的绘画包括壁画和唐卡画。这

堆绣

些绘画，色泽鲜艳，层次分明，笔法细腻，惟妙惟肖，给人以强烈的艺术感受。直接绘在墙壁、梁柱和顶棚上的画称为壁画，壁画内容包括佛本生、佛经故事、佛像、历史人物、医学图解等高僧大德和著名学者为主，也有一部分反映了僧侣的日常修行进学，色泽鲜艳，充满生活气息。唐卡画即卷轴画，绘在布幄上，十分精致。唐卡的内容则以佛像和佛本生故事为主，线条分明，技法精练，富有浓郁的民族色彩。

坛城源于印度佛教密宗，藏语称"吉科子"，系密宗本尊及其眷属聚集的道场。古代印度密宗修习"密法"时为防止"魔

堆绣

堆绣

藏艺博物馆——拉卜楞寺的独特艺术

众"侵入，遂筑方圆的土坛，安请诸尊于此以祭供。坛城共有4种，分别为：大坛城、三昧耶坛城、法坛城、羯磨坛城。其中，大坛城和羯磨坛城与佛教美术的关系尤为密切。大坛城以绘画平面表现诸佛菩萨，羯磨坛城则以雕塑立体表现诸佛菩萨。制作过程是先将细沙筛选为颗粒大小差不多的沙堆，洗去泥土，用不同颜料分别染成所需的各种颜色，再将其装在特制的形如牛角的铁筒内，筒口留仅能流出细沙的小孔，然后在沙盘内用不同颜色的细沙堆绘成佛经所规定的各位金刚的图案。

拉卜楞寺的堆绣艺术亦堪称一绝。它

藏戏表演

拉卜楞寺

是用各种色彩的绸缎剪成所需各种形状，如
佛像、人物、鸟兽、山水、花草、虫鱼等，
绣在布幔上，底部垫以羊毛、棉絮等填充物，
中间凸起，给人以立体感，宛如一幅浮雕。
堆绣的造型多以佛象、人物、鸟兽、山水、
花草为主，展现佛经故事。正月亮佛节所悬

挂的释迦牟尼像就是一幅堆绣，它长宽各达三十米左右，是用上等的丝绸缝制而成，造型逼真，栩栩如生。

## 二、戏剧、音乐、舞蹈

每年拉卜楞寺有 7 次规模较大的法会，其中以正月祈愿法会和七月"说法会"声势最为浩大。届时，除集会听经或辩经外，还要在大经堂广场外进行圣僧米拉日巴劝化猎夫贡保多杰为主要内容的戏剧表演。表演者全为寺内舞僧，并有执鼓钹号的僧人乐队。

藏戏面具

### 藏戏

传统的藏戏属于广场戏，所有演员都在场上，没有严格的台前幕后之分，表演空间相对比较自由。演出的节奏比较缓慢，一部完整的戏可以演两三天，甚至五六天。但经过不断的改造与创新，正在逐渐向舞台化过渡。

### 音乐

拉卜楞寺乐队又称"嘉木样乐队"，其规模与影响在藏区其他寺院实属不多。嘉木样乐队始创于一世嘉木样时期。据传，第一世嘉木样从西藏归来的途中，随从僧人要求奏乐，大师说："按佛规是不应当奏乐，你们要奏就奏吧！"于是拉卜楞寺僧人奏乐从

藏艺博物馆——拉卜楞寺的独特艺术

此开始。第四世嘉木样于 1897 年去北京雍和宫谒见光绪皇帝时，顺路去山西五台山朝拜。在五台山他受到隆重的接待，特别是乐队演奏的乐曲给他留下了深刻的印象。他把五台山和清朝宫廷的乐谱带回拉卜楞寺，亲自指导僧人演奏。拉卜楞寺乐队也从那时起使用了藏文工尺谱，并对原有乐队进行了改造，使得嘉木样乐队日臻完善，形成较大规模。当时的乐器、人员均为数不多，经过一百多年的发展，嘉木样乐队演奏的曲子虽然与原谱有了差异，但仍然保留了清朝宫廷音乐的基本曲调。在某些

甘孜藏戏表演

拉卜楞寺

清宫音乐已经失传的情况下，拉卜楞寺还保

存着基本完整的曲谱，这就显得尤为珍贵。

比如，清宫曲谱中的《万年欢》已经失传，

而在嘉木样乐队却还完好保存着。发展到今

天，在禳灾钦木（法舞）中由二十人组成。

拉卜楞寺庄严肃穆的殿堂

其中钹五、鼓十四、大号二、骨笛二、唢呐二。正月十四日钦木（法舞）也由二十余人组成，其中鼓十一、钹八、大号四、骨笛四。其间，乐曲雄浑，和谐整齐，并因浓重的宗教气息而震撼心灵。藏戏由僧人乐队伴奏，其著名剧目有《松赞干布和文成公主》《智美更登》《诺桑王子》《卓瓦桑姆》《赤松德赞》等。

## 拉卜楞寺院的宗教舞蹈钦木

"钦木"是寺院宗教法事活动的一项重要内容。钦木，也有的译为羌姆，意为"跳"。

拉卜楞寺建筑上的精美雕刻

但钦木专指与宗教内容有关的面具舞。具体指舞者戴上具有象征寓意的面具，表达宗教奥义，集诵经、音乐、舞蹈三位一体的寺院舞蹈。这种法舞是各寺院法会上的跳神舞。经过各代宗教大师们的相继改进和规范，又作为宗教仪轨，世代传承。

钦木的表演没有任何对白和唱词，基本上是哑剧性的舞蹈表演。主要通过一些具有象征意义的舞步和手印来镇压魔鬼、酬谢神灵、教化众生积德行善，脱离苦海，进入极

拉卜楞寺是一座宏大的佛教文化
和艺术博物馆

乐世界。

拉卜楞寺院钦木，主要有正月十四日的钦木、农历三月初六的奠基法会钦木、农历三月十五日的时轮金刚根本续法钦木和农历九月二十九日的禳灾钦木。

## 结语

拉卜楞寺不仅是安多藏区的宗教信仰中心，更是一座宏大的佛教文化、艺术博物馆，是中华文化的重要组成部分，它博大精深，绚烂璀璨，需要我们进一步的了解和研究。